Impressum
Verlag: BABADADA GmbH, Nedderfeld 112 , 22529 Hamburg
Geschäftsführer / Verlagsleitung: Harald Hof
Druck: Books on Demand GmbH, In de Tarpen 42, 22848 Norderstedt

Imprint
Publisher: BABADADA GmbH, Nedderfeld 112 , 22529 Hamburg, Germany
Managing Director / Publishing direction: Harald Hof
Print: Books on Demand GmbH, In de Tarpen 42, 22848 Norderstedt

школа

l'école

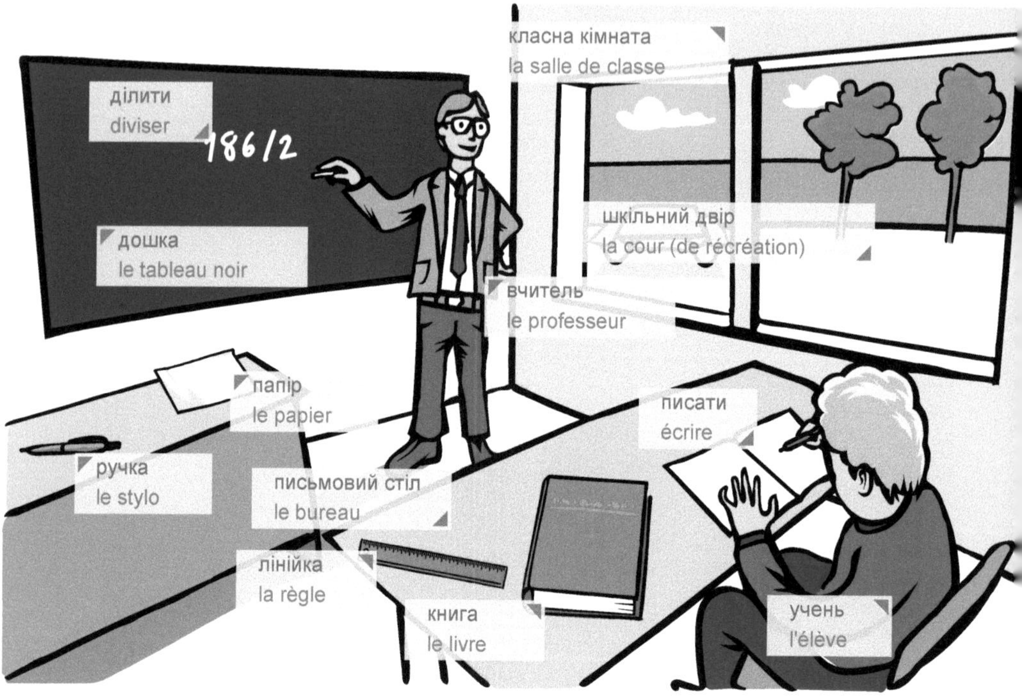

класна кімната
la salle de classe
ділити
diviser
186/2
дошка
le tableau noir
шкільний двір
la cour (de récréation)
вчитель
le professeur
папір
le papier
писати
écrire
ручка
le stylo
письмовий стіл
le bureau
лінійка
la règle
книга
le livre
учень
l'élève

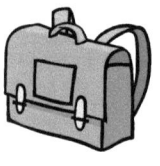

ранець

le cartable

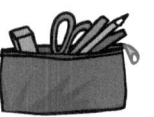

пенал

la trousse

олівець

le crayon

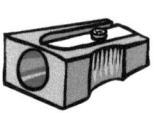

точило

le taille-crayon

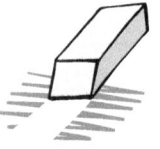

гумка

la gomme

альбом для малювання

le carnet à dessin

малюнок

le dessin

пензель

le pinceau

коробка фарб

la boîte de peinture

ножиці

les ciseaux

клей

la colle

зошит

le cahier d'exercices

домашнє завдання

les devoirs

число

le chiffre

додавати

additionner

віднімати

soustraire

множити

multiplier

рахувати

calculer

літера

la lettre

абетка

l'alphabet

слово

le mot

школа - l'école

текст

le texte

читати

lire

крейда

la craie

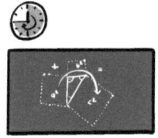

година

la leçon

класний журнал

le livre de classe

екзамен

l'examen

диплом

le certificat

шкільна форма

l'uniforme scolaire

освіта

la formation

лексикон

le lexique

університет

l'université

мікроскоп

le microscope

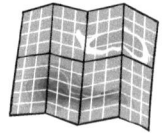

карта

la carte

кошик для паперу

la corbeille à papier

школа - l'école

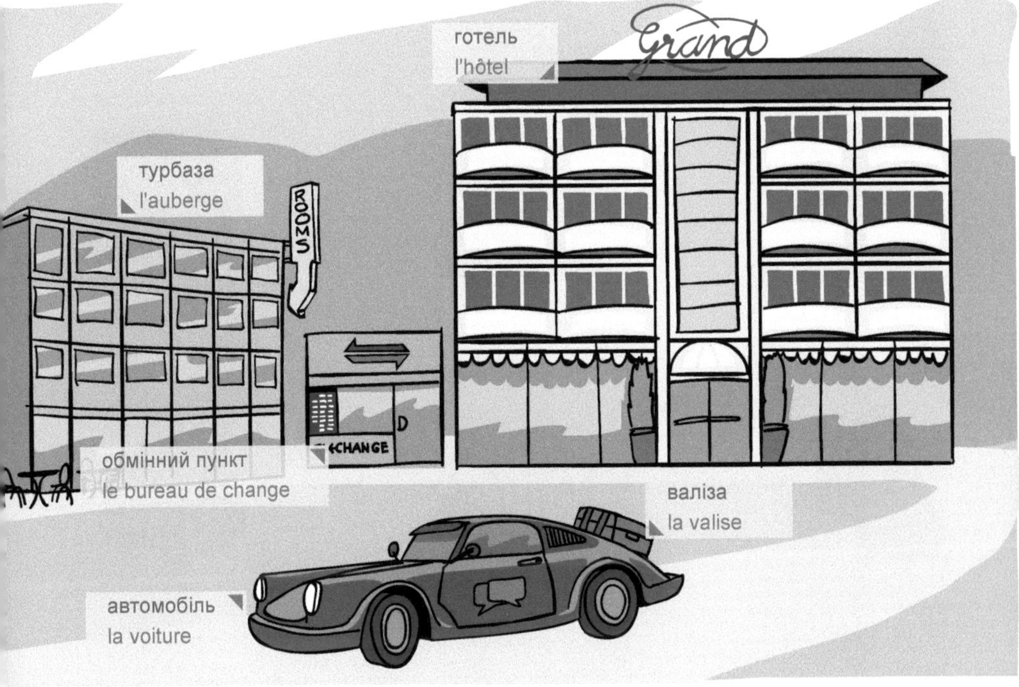

готель
l'hôtel
Grand
турбаза
l'auberge
ROOMS
обмінний пункт
le bureau de change
валіза
la valise
автомобіль
la voiture

мова

la langue

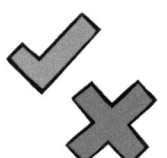

так / ні

oui / non

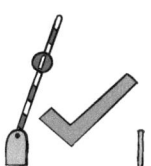

добре

d'accord

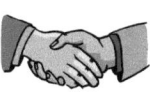

привіт

Salut

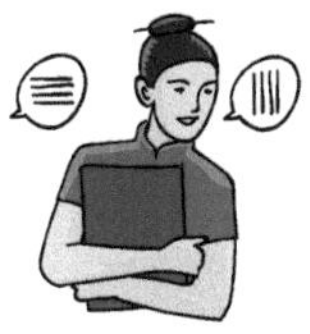

перекладач

l'interprète

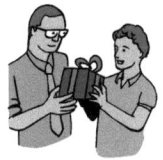

дякую

merci

Скільки коштує ...?

Combien coûte...?

Я не розумію

Je ne comprends pas

проблема

le problème

Добрий вечір!

Bonsoir !

Доброго ранку!

Bonjour !

На добраніч!

Bonne nuit !

До побачення

Au revoir

напрямок

la direction

багаж

les bagages

сумка

le sac

рюкзак

le sac-à-dos

гість

l'hôte

кімната

la pièce

спальний мішок

le sac de couchage

намет

la tente

туристична інформація

l'office de tourisme

пляж

la plage

кредитна картка

la carte de crédit

сніданок

le petit-déjeuner

обід

le déjeuner

вечеря

le dîner

квиток

le billet

ліфт

l'ascenseur

поштова марка

le timbre

межа

la frontière

митниця

la douane

посольство

l'ambassade

віза

le visa

паспорт

le passeport

транспорт
le transport

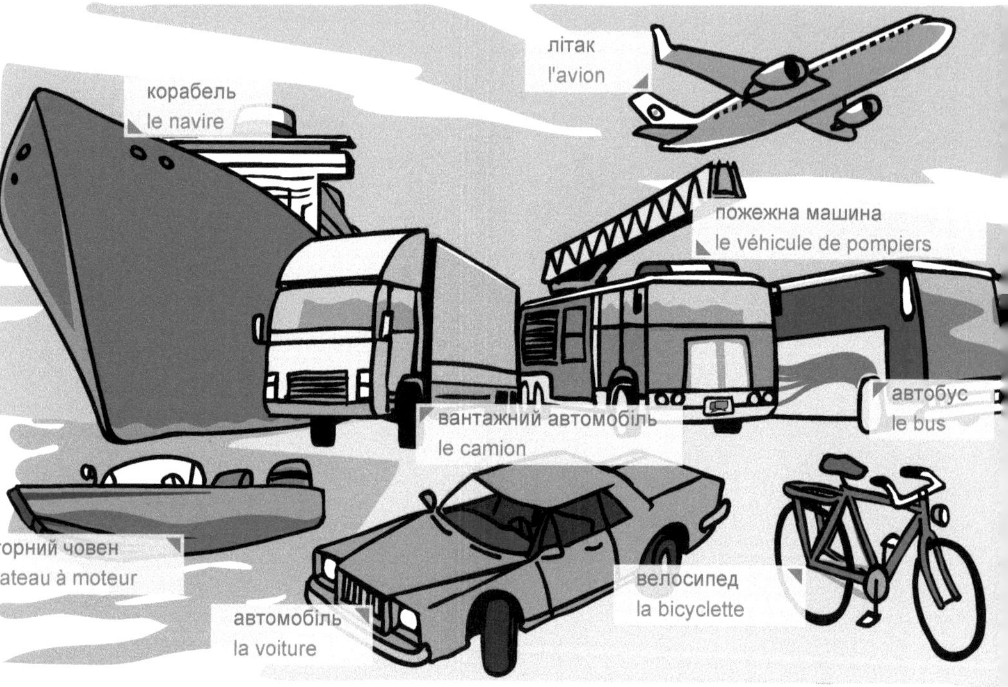

літак
l'avion

корабель
le navire

пожежна машина
le véhicule de pompiers

вантажний автомобіль
le camion

автобус
le bus

моторний човен
bateau à moteur

автомобіль
la voiture

велосипед
la bicyclette

пором

le ferry

човен

la barque

мотоцикл

la moto

поліцейська машина

la voiture de police

гоночний автомобіль

la voiture de course

автомобіль на прокат

la voiture de location

ільне користування авто

l'auto-partage

евакуатор

la voiture de remorquage

сміттєвоз

la benne à ordures

двигун

le moteur

паливо

l'essence

автозаправна станція

la station d'essence

дорожній знак

le panneau indicateur

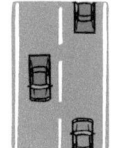

рух

le trafic

затор

l'embouteillage

стоянка

le parking

вокзал

la gare

рейки

les rails

потяг

le train

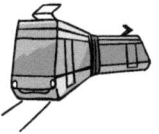

трамвай

le tramway

вагон

le wagon

гелікоптер

l'hélicoptère

аеропорт

l'aéroport

вежа

la tour

пасажир

le passager

контейнер

le conteneur

коробка

le carton

візок

le chariot

кошик

la corbeille

стартувати / приземлятися

décoller / atterrir

місто

la ville

село

le village

центр міста

le centre-ville

дім

la maison

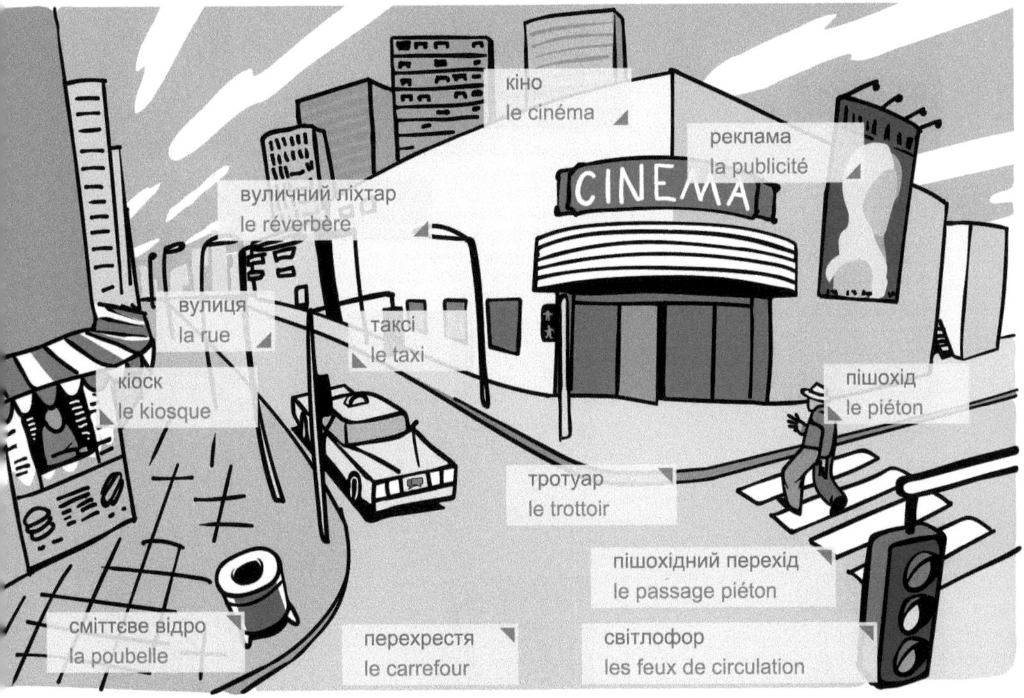
кіно
le cinéma
реклама
la publicité
CINEMA
вуличний ліхтар
le réverbère
вулиця
la rue
таксі
le taxi
кіоск
le kiosque
пішохід
le piéton
тротуар
le trottoir
пішохідний перехід
le passage piéton
сміттєве відро
la poubelle
перехрестя
le carrefour
світлофор
les feux de circulation

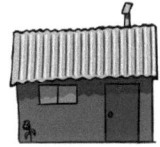

хатина

la cabane

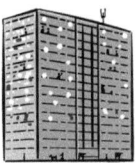

квартира

l'appartement

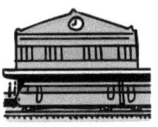

вокзал

la gare

ратуша

la mairie

MUSEUM

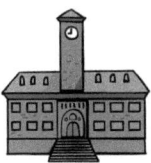

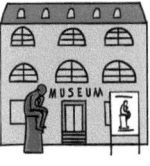

музей

le musée

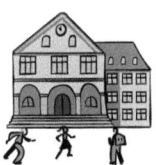

школа

l'école

університет
l'université

банк
la banque

лікарня
l'hôpital

готель
l'hôtel

аптека
la pharmacie

офіс
le bureau

книжковий магазин
la librairie

магазин
le magasin

квітковий магазин
le fleuriste

супермаркет
le supermarché

ринок
le marché

універмаг
le grand magasin

торговець рибою
la poissonnerie

торговельний центр
le centre commercial

гавань
le port

парк

le parc

лава

la banque

міст

le pont

сходи

les escaliers

метро

le métro

тунель

le tunnel

автобусна зупинка

l'arrêt de bus

бар

le bar

ресторан

le restaurant

поштова скринька

la boîte à lettres

вулична табличка

le panneau indicateur

лічильник паркування

le parcmètre

зоопарк

le zoo

басейн

le réverbère

мечеть

la mosquée

ферма
la ferme

забруднення
навколишнього
середовища
la pollution

кладовище
la cimetière

церква
l'église

дитячий майданчик
l'aire de jeux

храм
le temple

ландшафт
le paysage

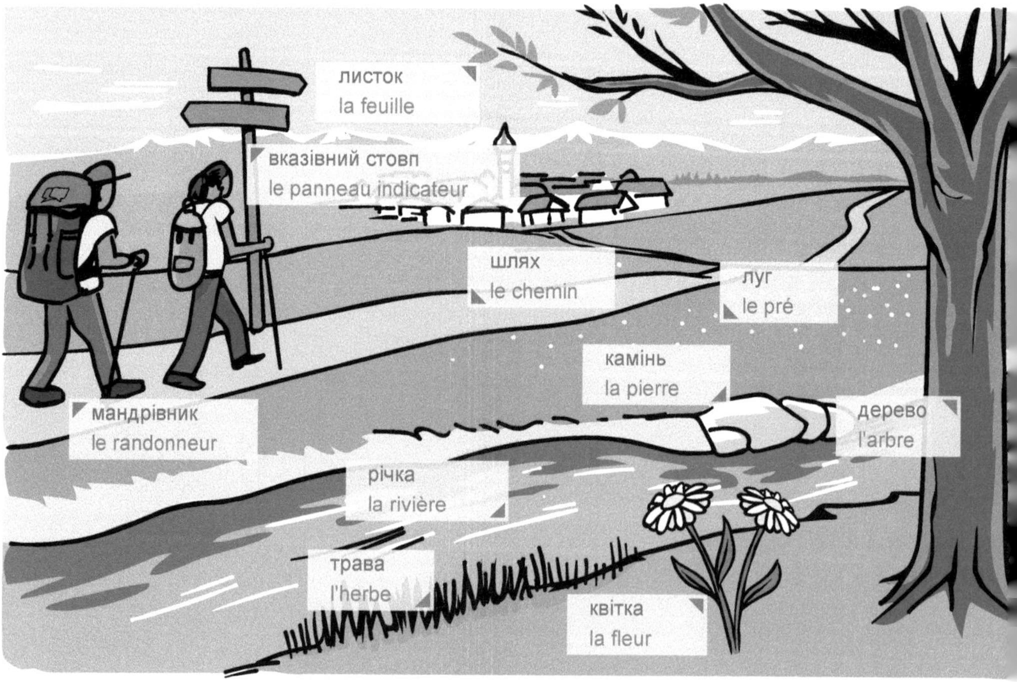

листок
la feuille

вказівний стовп
le panneau indicateur

шлях
le chemin

луг
le pré

камінь
la pierre

мандрівник
le randonneur

дерево
l'arbre

річка
la rivière

трава
l'herbe

квітка
la fleur

долина

la vallée

гора

la montagne

озеро

le lac

ліс

la forêt

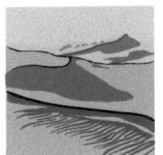

пустеля

le désert

вулкан

le volcan

замок

le château

веселка

l'arc-en-ciel

гриб

le champignon

пальма

le palmier

комар

le moustique

муха

la mouche

мурашка

les fourmis

бджола

l'abeille

павук

l'araignée

жук

le coléoptère

жаба

la grenouille

вивірка

l'écureuil

їжак

le hérisson

заєць

le lièvre

сова

la chouette

птах

l'oiseau

лебідь

le cygne

кабан

le sanglier

олень

le cerf

лось

l'élan

гребля

le barrage

вітряк

l'éolienne

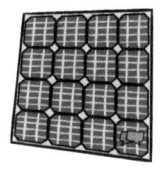

сонячний модуль

le panneau solaire

клімат

le climat

офіціант
le serveur

меню
le menu

стілець
la chaise

суп
la soupe

піца
la pizza

столові прилади
les couverts

скатертина
la nappe

закуска

les hors d'œuvre

друга страва

le plat principal

десерт

le dessert

напої

les boissons

їжа

l'alimentation

пляшка

la bouteille

фаст-фуд

le fast-food

вулична їжа

les plats à emporter

чайник

la théière

цукорниця

le sucrier

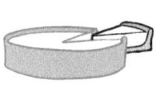

порція

la portion

еспресо-машина

la machine à expresso

високий стільчик

la chaise haute

рахунок

la facture

піднос

le plateau

ніж

le couteau

вилка

la fourchette

ложка

la cuillère

чайна ложка

la cuillère à thé

серветка

la serviette

склянка

le verre

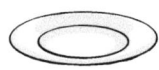

тарілка

l'assiette

тарілка для супу

l'assiette à soupe

блюдце

la soucoupe

соус

la sauce

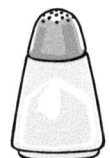

солонка

la salière

млин для перцю

le moulin à poivre

оцет

le vinaigre

масло

l'huile

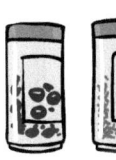

спеції

les épices

кетчуп

le ketchup

гірчиця

la moutarde

майонез

la mayonnaise

супермаркет
le supermarché

пропозиція
l'offre promotionnelle
FOR
клієнт
le client
молочні продукти
les produits laitiers
фрукти
les fruits
візок для покупок
le chariot

BUTCHERS

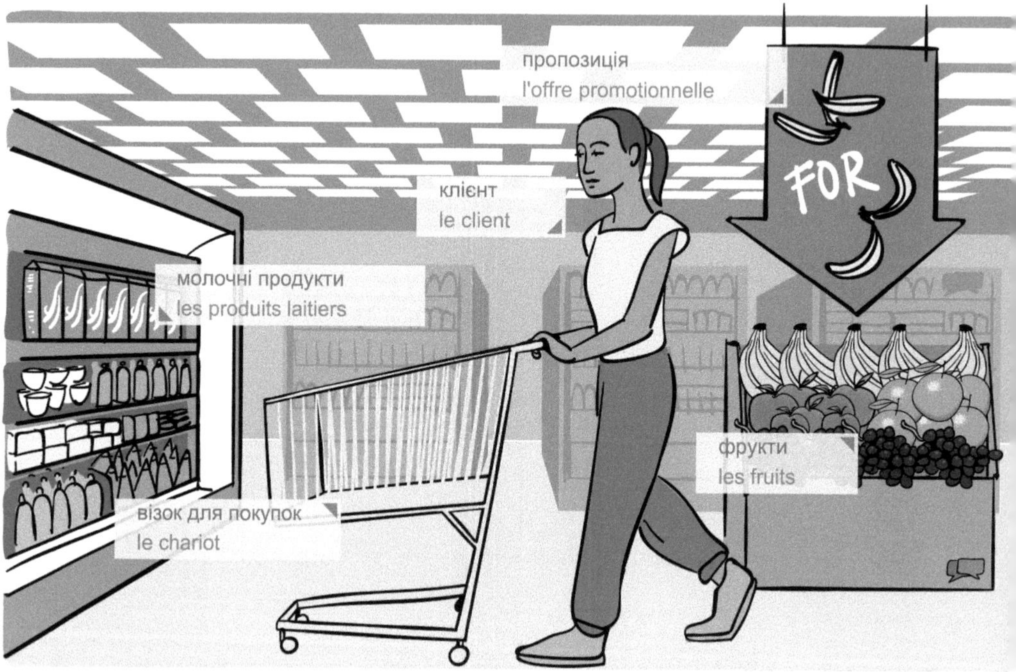

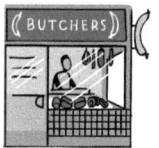

м'ясний магазин

la boucherie

BAKERY

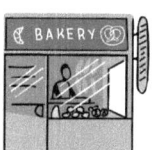

пекарня

la boulangerie

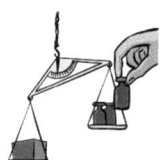

зважувати

peser

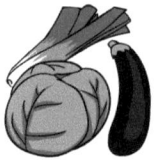

овочі

les légumes

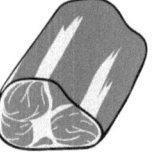

м'ясо

la viande

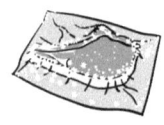

заморожені продукти

les aliments surgelés

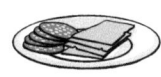

ковбасна нарізка

la charcuterie

консерви

les conserves

пральний порошок

la poudre à lessive

солодощи

les bonbons

предмети домашнього побуту

les articles ménagers

мийний засіб

les détergents

продавщиця

la vendeuse

каса

la caisse

касир

le caissier

список покупок

la liste d'achats

часи роботи

les heures d'ouverture

гаманець

le portefeuille

кредитна картка

la carte de crédit

сумка

le sac

поліетиленовий пакет

le sac en plastique

les boissons

вода

l'eau

сік

le jus de fruit

молоко

le lait

кола

le coca

вино

le vin

пиво

la bière

алкоголь

l'alcool

какао

le chocolat chaud

чай

le thé

кава

le café

еспресо

l'expresso

капучіно

le cappuccino

банан

la banane

яблуко

la pomme

апельсин

l'orange

кавун

le melon

лимон

le citron.

морква

la carotte

часник

l'ail

бамбук

le bambou

цибуля

l'oignon

гриб

le champignon

горішки

les noisettes

локшина

les pâtes

спагеті

les spaghetti

рис

le riz

салат

la salade

картопля фрі

les pommes frites

смажена картопля

les pommes de terre rôties

піца

la pizza

гамбургер

le hamburger

бутерброд

le sandwich

шніцель

l'escalope

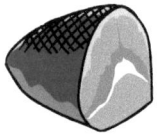

шинка

le jambon

салямі

le salami

ковбаса

la saucisse

курка

le poulet

печеня

le rôti

риба

le poisson

вівсяні пластівці

les flocons d'avoine

мюслі

le muesli

кукурудзяні пластівці

les cornflakes

борошно

la farine

круасан

le croissant

булочка

les petits-pains

хліб

le pain

тостовий хліб

le pain grillé

печиво

les biscuits

масло

le beurre

сир

le fromage blanc

пиріг

le gâteau

яйце

l'œuf

яєчня

l'œuf au plat

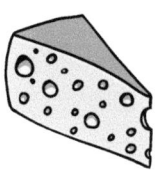

сир

le fromage

їжа - l'alimentation

морозиво

la glace

цукор

le sucre

мед

le miel

мармелад

la confiture

нуга-крем

la crème nougat

карі

le curry

ферма
la ferme

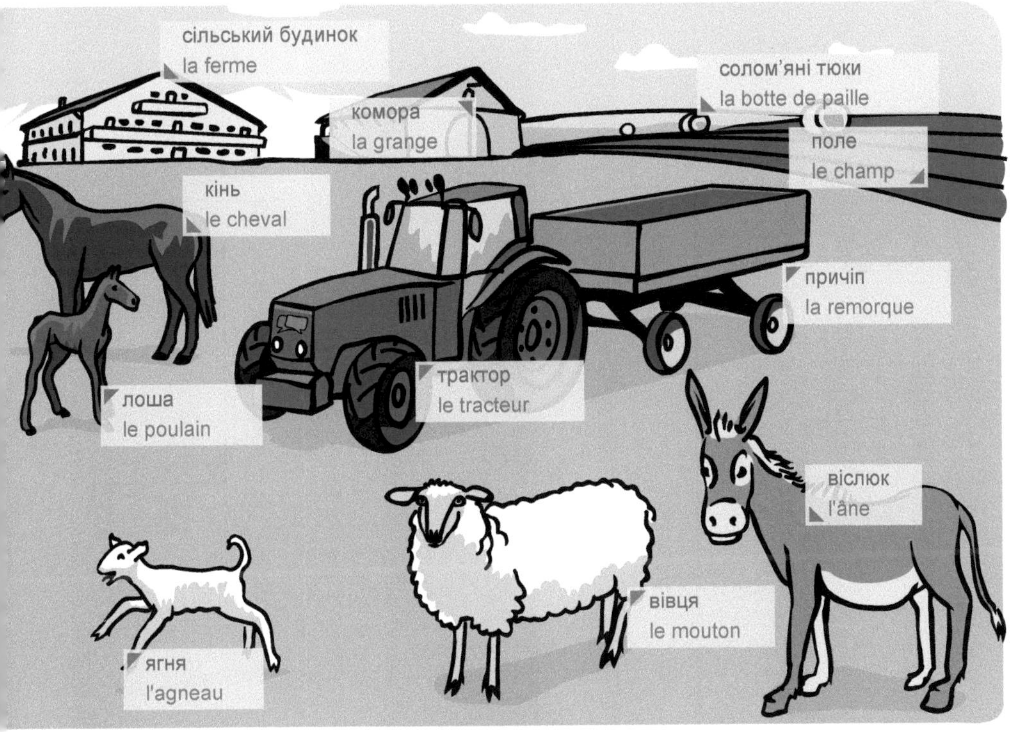
сільський будинок
la ferme
комора
la grange
солом'яні тюки
la botte de paille
поле
le champ
кінь
le cheval
причіп
la remorque
трактор
le tracteur
лоша
le poulain
віслюк
l'âne
вівця
le mouton
ягня
l'agneau

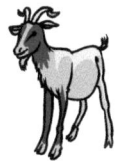

коза

la chèvre

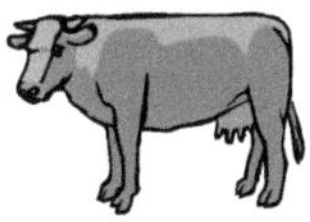
корова

la vache

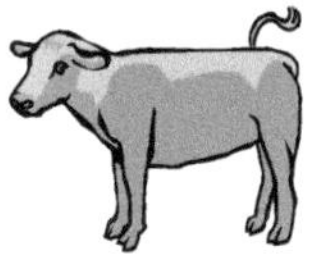
теля

le veau

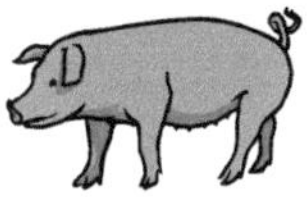
свиня

le porc

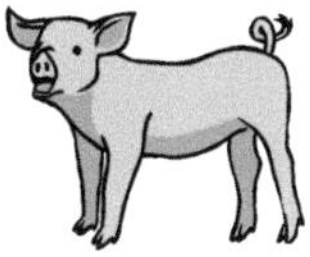
порося

le porcelet

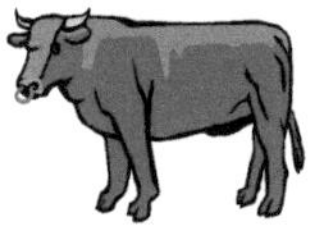
бик

le taureau

гусак

l'oie

качка

le canard

курча

le poussin

курка

la poule

півень

le coq

щур

le rat

кіт

le chat

миша

la souris

віл

le bœuf

собака

le chien

собача будка

le chenil

садовий шланг

le tuyau de jardin

лійка

l'arrosoir

коса

la faucheuse

плуг

la charrue

серп

la faucille

мотика

la pioche

вила

la fourche

сокира

la hache

тачка

la brouette

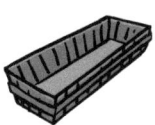

корито

la cuve

бідон молока

le pot à lait

мішок

le sac

паркан

la clôture

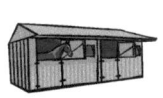

хлів

l'étable

теплиця

le serre

ґрунт

le sol

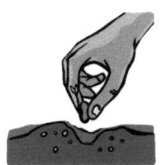

насіння

les semences

добриво

l'engrais

комбайн

la moissonneuse-batteuse

пожинати

récolter

урожай

la récolte

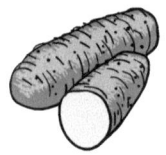

корінь ямсу

l'igname

пшениця

le blé

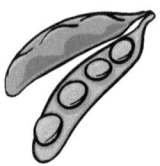

соя

le soja

картопля

la pomme de terre

кукурудза

le maïs

ріпак

le colza

плодове дерево

l'arbre fruitier

маніок

le manioc

злаки

les céréales

дім

la maison

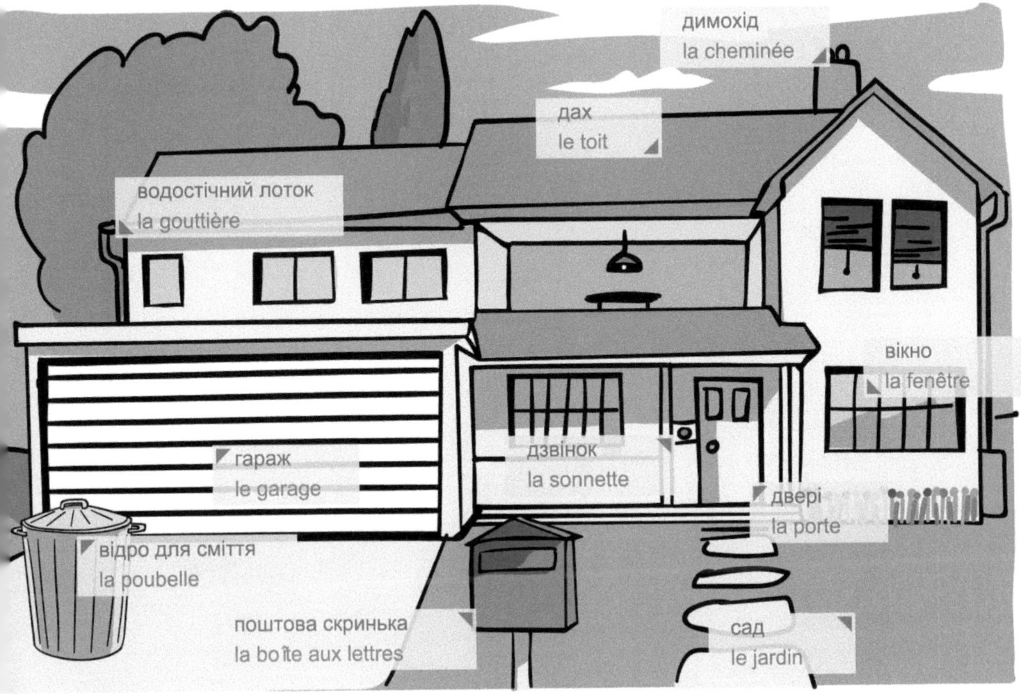
димохід
la cheminée
дах
le toit
водостічний лоток
la gouttière
вікно
la fenêtre
гараж
le garage
дзвінок
la sonnette
двері
la porte
відро для сміття
la poubelle
поштова скринька
la boîte aux lettres
сад
le jardin

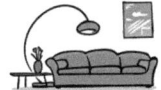

вітальня

le salon

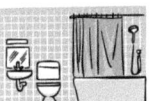

ванна кімната

la salle de bain

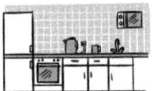

кухня

la cuisine

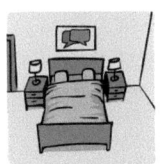

спальня

la chambre à coucher

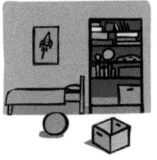

дитяча кімната

la chambre d'enfant

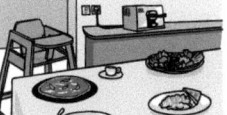

їдальня

la salle à manger

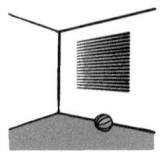

підлога

le sol

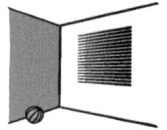

стіна

le mur

стеля

le plafond

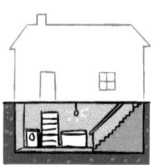

підвал

la cave

сауна

le sauna

балкон

le balcon

тераса

la terrasse

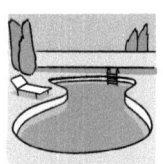

басейн

la piscine

косарка

la tondeuse à gazon

простирало

la housse

ковдра

la couette

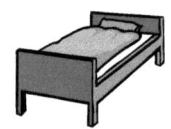

ліжко

le lit

мітла

le balai

відро

le sceau

перемикач

l'interrupteur

вітальня
le salon

шпалери
le papier peint
малюнок
l'image
лампа
la lampe
поличка
l'étagère
шафа
l'armoire
телевізор
la télé
камін
la cheminée
квітка
la fleur
подушка
le coussin
диван
le sofa
ваза
le vase
пульт
la télécommande

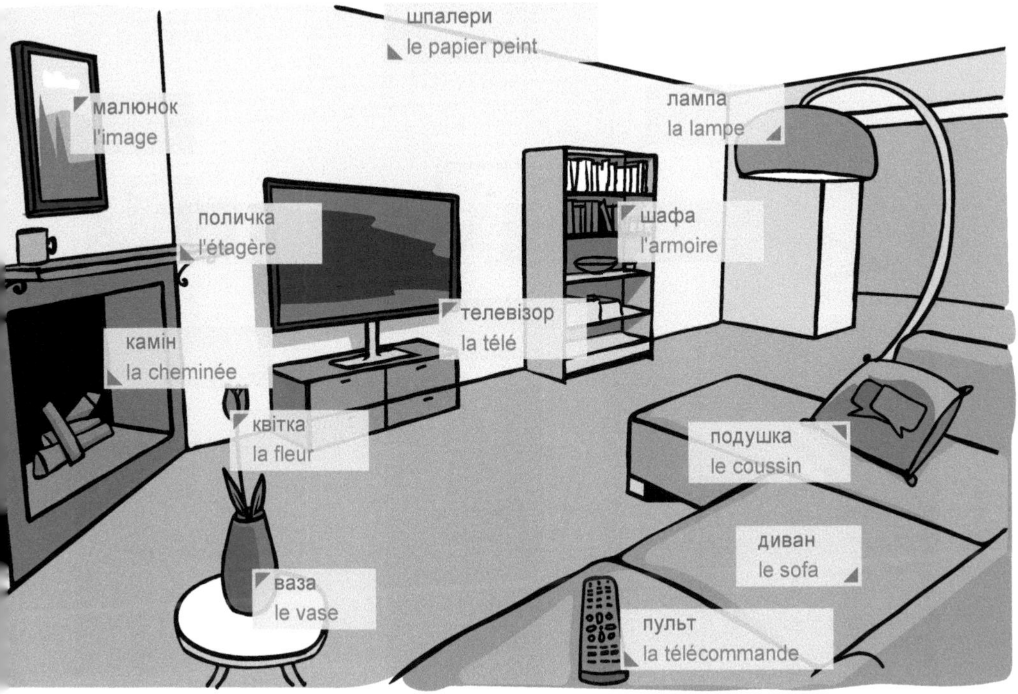

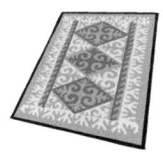

килим

le tapis

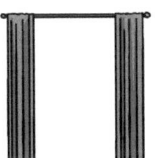

завіса

le rideau

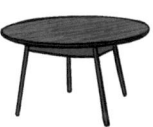

стіл

la table

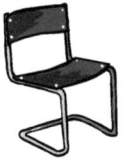

стілець

la chaise

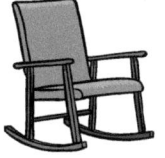

крісло-гойдалка

la chaise à bascule

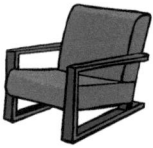

крісло

le fauteuil

книга

le livre

ковдра

la couverture

прикраса

la décoration

дрова

le bois de chauffage

фільм

le film

стереосистема

la chaîne hi-fi

ключ

la clé

газета

le journal

картина

la peinture

плакат

le poster

радіо

la radio

блокнот

le bloc-notes

пилосос

l'aspirateur

кактус

le cactus

свічка

la bougie

кухня
la cuisine

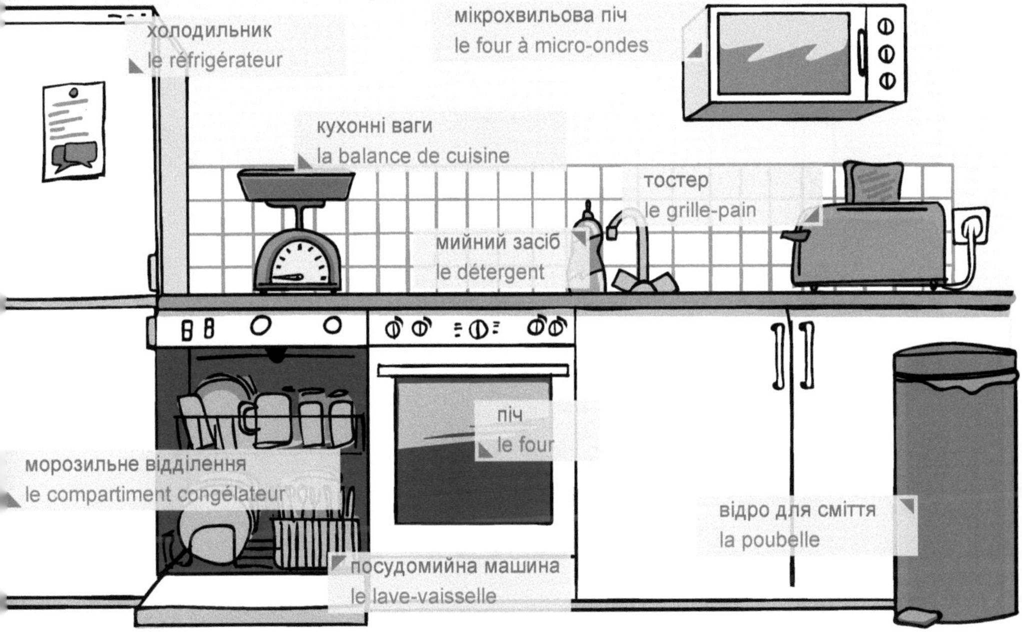
холодильник
le réfrigérateur
мікрохвильова піч
le four à micro-ondes
кухонні ваги
la balance de cuisine
тостер
le grille-pain
мийний засіб
le détergent
піч
le four
морозильне відділення
le compartiment congélateur
відро для сміття
la poubelle
посудомийна машина
le lave-vaisselle

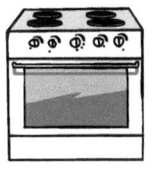

плита
le four

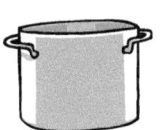

горщик
la casserole

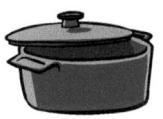

чавунний горщик
la marmite

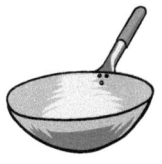

вок / кадай
le wok / kadai

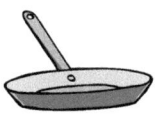

сковорода
la poêle

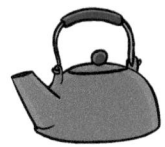

чайник
la bouilloire electrique

пароварка

le cuiseur vapeur

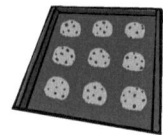

лист

la plaque de cuisson

посуд

la vaisselle

кухоль

le gobelet

чаша

la coupe

палички для їжі

les baguettes

черпак

la louche

лопатка

la spatule

вінчик для збивання

le fouet

сито

la passoire

сито

le tamis

терка

la râpe

ступка

le mortier

барбекю

le barbecue

багаття

la cheminée

дошка

la planche à découper

качалка

le rouleau à pâtisserie

штопор

le tire-bouchon

конзерва

la boîte

відкривачка

l'ouvre-boîte

прихватки

les maniques

раковина

le lavabo

щітка

la brosse

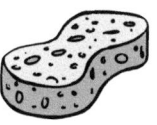

губка

l'éponge

міксер

le mixeur

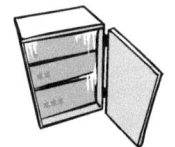

морозильна камера

le congélateur

дитяча пляшка

le biberon

кран

le robinet

ванна кімната
la salle de bain

опалення
le chauffage
рушник
la serviette
душ
la douche
душова завіса
le rideau de douche
піниста ванна
le bain moussant
ванна
la baignoire
склянка
le verre
пральна машина
la machine à laver
кран
le robinet
плитка
le carrelage
горшок
le pot
раковина
le lavabo

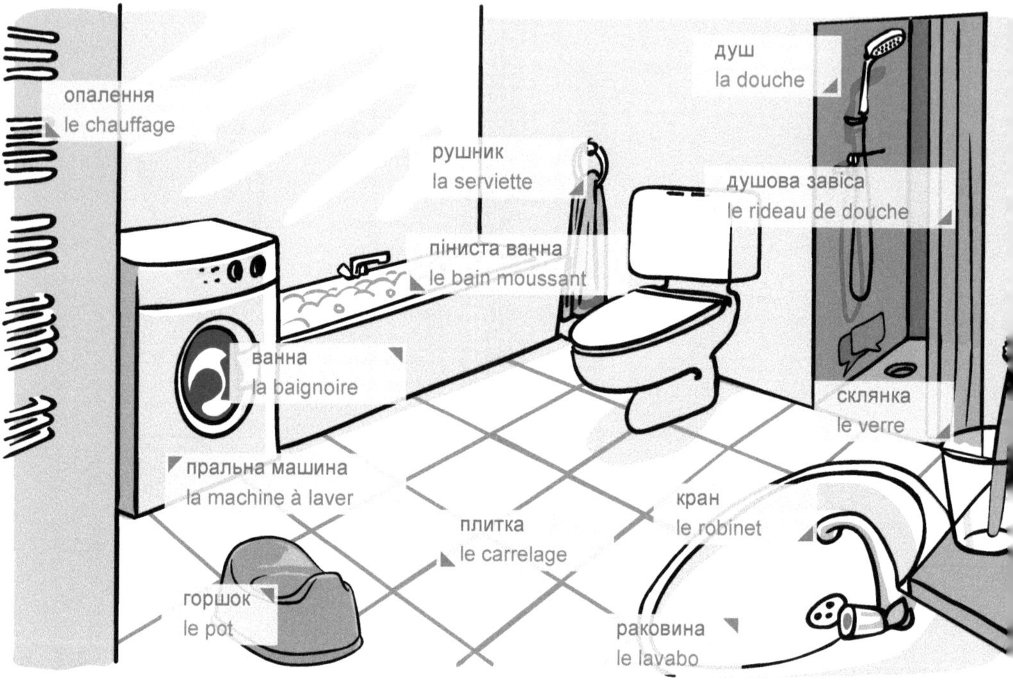

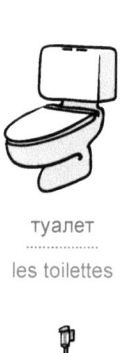

туалет

les toilettes

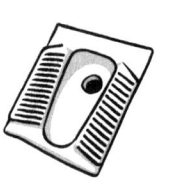

підлоговий туалет

la toilette à la turque

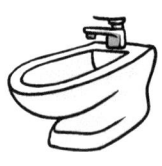

біде

le bidet

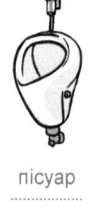

пісуар

l'urinoir

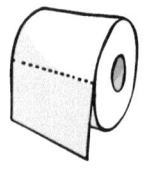

туалетний папір

le papier toilette

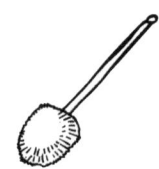

щітка для туалету

la brosse à toilette

зубна щітка

la brosse à dents

зубна паста

le dentifrice

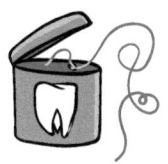

нитка для чищення зубів

le fil dentaire

мити

laver

ручний душ

la douche manuelle

інтимний душ

la douche intime

таз

la vasque

щітка для спини

la brosse dorsale

мило

le savon

гель для душу

le gel douche

шампунь

le shampooing

мочалка

le gant de toilette

водостік

l'écoulement

крем

la crème

дезодорант

le déodorant

дзеркало

le miroir

космети́чне дзеркало

le miroir cosmétique

бритва

le rasoir

піна для гоління

la mousse à raser

лосьйон після гоління

l'après-rasage

гребінь

la peigne

щітка

la brosse

фен

le sèche-cheveux

лак для волосся

la laque pour cheveux

косметика

le fond de teint

губна помада

le rouge à lèvres

лак для нігтів

le vernis à ongles

вата

l'ouate

ножиці для нігтів

le coupe-ongles

парфум

le parfum

косметичка

la trousse de toilette

табурет

le tabouret

ваги

le pèse-personne

халат

le peignoir

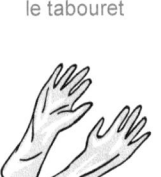

гумові рукавички

les gants de nettoyage

тампон

le tampon

гігієнічні прокладки

es serviettes hygiéniques

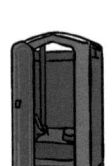

біотуалет

la toilette chimique

дитяча кімната
la chambre d'enfant

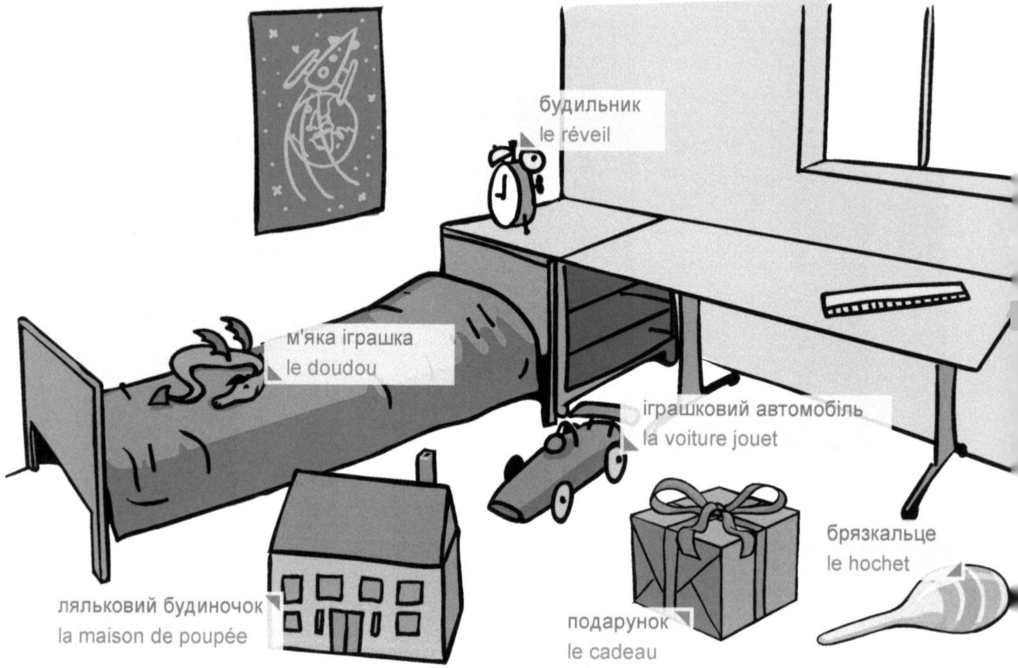

будильник
le réveil

м'яка іграшка
le doudou

іграшковий автомобіль
la voiture jouet

брязкальце
le hochet

ляльковий будиночок
la maison de poupée

подарунок
le cadeau

повітряна кулька
le ballon

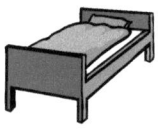

ліжко
le lit

дитячий візок
la poussette

картярська гра
le jeu de cartes

пазл
le puzzle

комікс
la bande dessinée

лего цеглинки

les pièces lego

блоки

les blocs de construction

іграшкова фігурка

la figurine

повзунки

la grenouillère

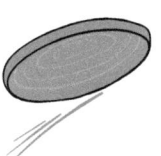

фризбі

le frisbee

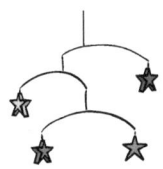

мобіле

le mobile

настільна гра

le jeu de société

кубик

le dé

модель залізнична станція

le train miniature

соска

la sucette

вечірка

la fête

книжка з картинками

le livre d'images

м'яч

la balle

лялька

la poupée

грати

jouer

дитяча кімната - la chambre d'enfant

пісочниця

le bac à sable

гойдалка

la balançoire

іграшка

les jouets

гральна консоль

la console de jeu

триколісний велосипед

le tricycle

плюшевий мішка

l'ours en peluche

шафа

l'armoire

одяг
les vêtements

шкарпетки

les chaussettes

панчохи

les bas

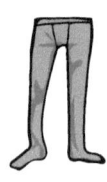

колготки

le collant

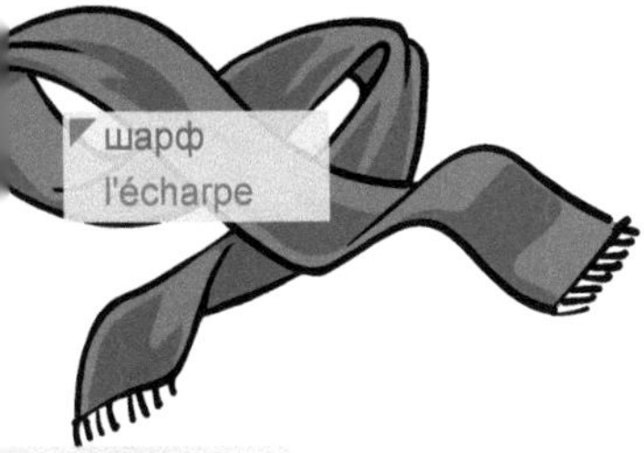

шарф
l'écharpe

парасоля
le parapluie

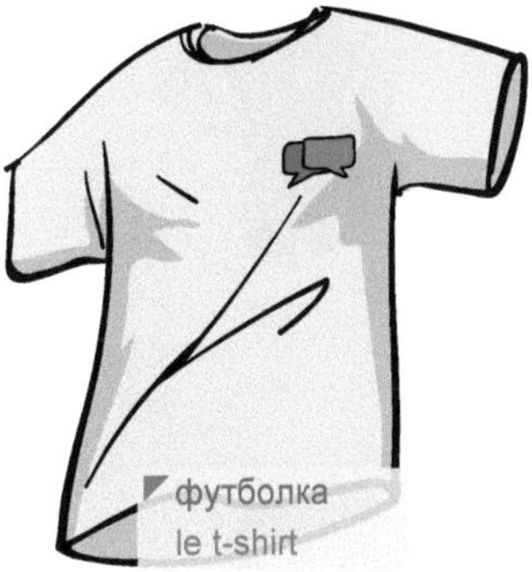

футболка
le t-shirt

ремінь
la ceinture

чоботи
les bottes

домашнє взуття
les pantoufles

кросівки
les baskets

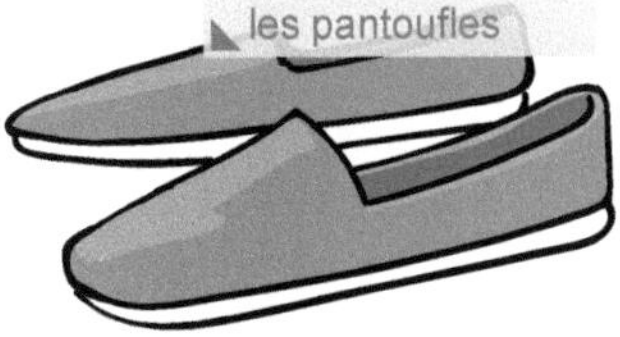

сандалі
....
les sandales

взуття
....
les chaussures

гумові чоботи
....
les bottes de caoutchouc

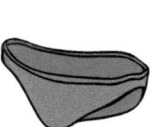

труси
....
les sous-vêtements

бюстгальтер
....
le soutien-gorge

нижня сорочка
....
le maillot de corps

одяг - les vêtements

боді

le body

штани

le pantalon

джинси

le jean

спідниця

la jupe

блузка

le chemisier

сорочка

la chemise

пуловер

le pull

светр

le sweat à capuche

піджак

la veste

куртка

la veste

пальто

le manteau

дощовик

l'imperméable

костюм

le costume

сукня

la robe

весільна сукня

la robe de mariée

костюм

le costume

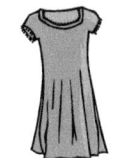

нічна сорочка

la chemise de nuit

піжама

le pyjama

сарі

le sari

головна хустка

le foulard

чалма

le turban

бурка

la burqa

кафтан

le caftan

абая

l'abaya

купальник

le maillot de bain

плавки

le maillot de bain

шорти

le short

тренувальний костюм

la tenue d'entraînement

фартух

le tablier

рукавички

les gants

гудзик

le bouton

окуляри

les lunettes

браслет

le bracelet

ланцюг

le collier

кільце

la bague

сережка

la boucle d'oreille

шапка

le bonnet

плічка

le cintre

капелюх

le chapeau

краватка

la cravate

застібка-блискавка

la fermeture éclair

шолом

le casque

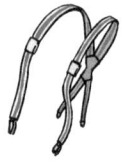

підтяжки

les bretelles

шкільна форма

l'uniforme scolaire

уніформа

l'uniforme

нагрудник

le bavoir

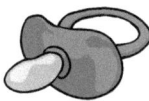

соска

la sucette

підгузок

la lange

офіс

le bureau

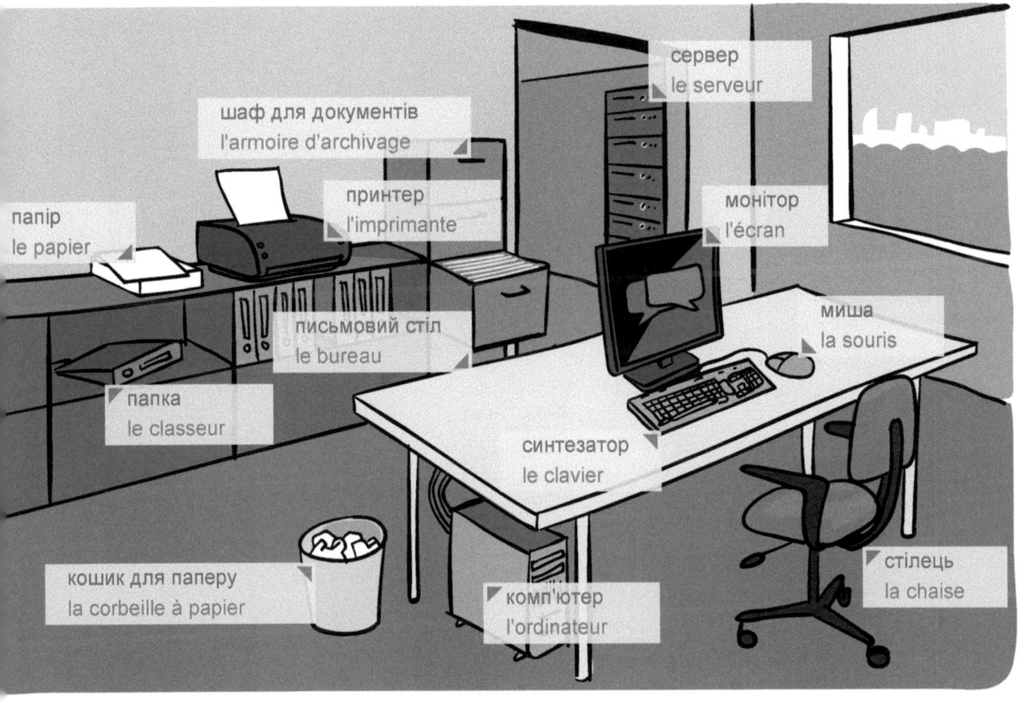

сервер
le serveur

шаф для документів
l'armoire d'archivage

принтер
l'imprimante

папір
le papier

монітор
l'écran

письмовий стіл
le bureau

миша
la souris

папка
le classeur

синтезатор
le clavier

кошик для паперу
la corbeille à papier

комп'ютер
l'ordinateur

стілець
la chaise

кавовий кухоль

la tasse de café

калькулятор

la calculatrice

інтернет

l'internet

ноутбук

l'ordinateur portable

лист

la lettre

повідомлення

le message

мобільний телефон

le portable

мережа

le réseau

копіювальний пристрій

la photocopieuse

програмне забезпечення

le logiciel

телефон

le téléphone

розетка

la prise

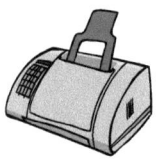

факс

le fax

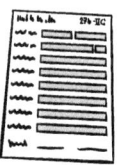

бланк

le formulaire

документ

le document

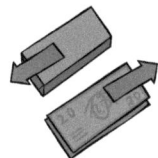

купувати

acheter

платити

payer

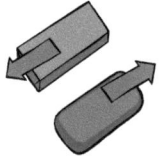

торгувати

faire du commerce

гроші

la monnaie

 USD

долар

le dollar

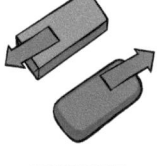 EUR

євро

l'euro

 JPY

ієна

le yen

 RUB

рубль

le rouble

 CHF

франк

le franc suisse

 CNY

юанів женьміньбі

le renminbi yuan

 INR

рупія

la roupie

банкомат

le distributeur automatique

обмінний пункт

le bureau de change

золото

l'or

срібло

l'argent

нафта

le pétrole

енергія

l'énergie

ціна

le prix

контракт

le contrat

податок

la taxe

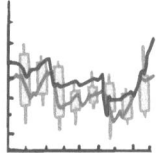

акція

l'action

працювати

travailler

працівник

l'employé

роботодавець

l'employeur

фабрика

l'usine

магазин

le magasin

економіка - l'économie

професії
les professions

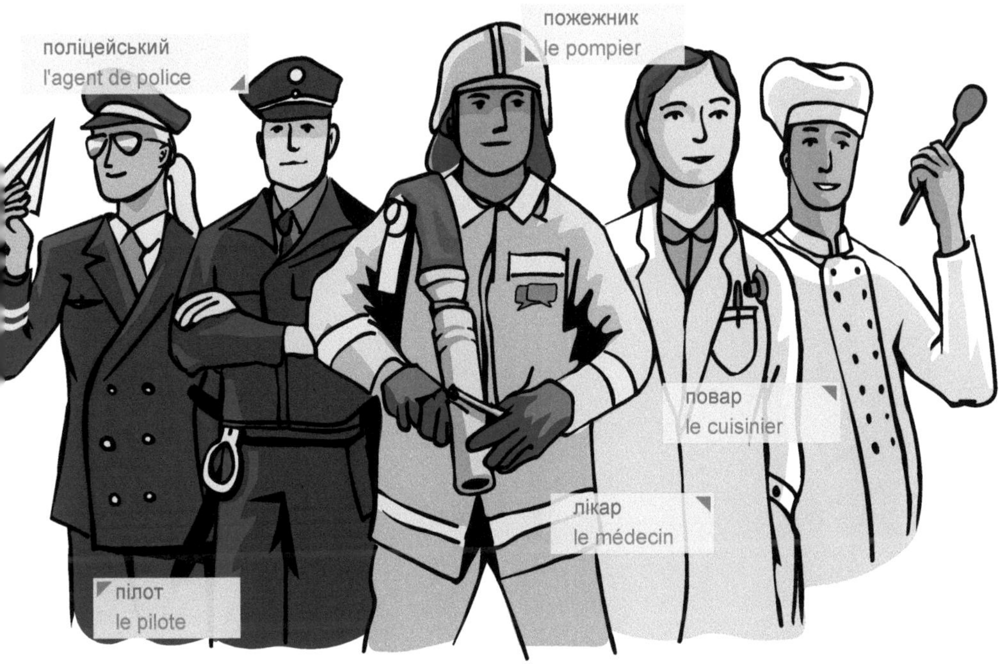
поліцейський
l'agent de police
пожежник
le pompier
повар
le cuisinier
лікар
le médecin
пілот
le pilote

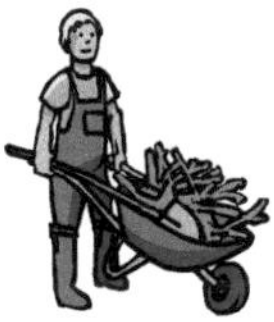

садівник

le jardinier

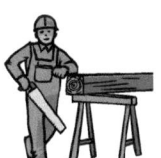

столяр

le menuisier

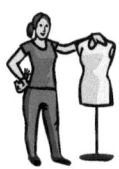

швачка

la couturière

суддя

le juge

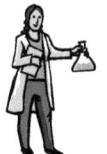

хімік

le chimiste

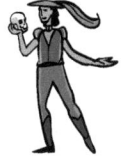

актор

l'acteur

водій автобуса

le conducteur de bus

таксист

le chauffeur de taxi

рибалка

le pêcheur

прибиральниця

la femme de ménage

покрівельник

le couvreur

офіціант

le serveur

мисливець

le chasseur

художник

le peintre

пекар

le boulanger

електрик

l'électricien

будівельник

l'ouvrier

інженер

l'ingénieur

забійник

le boucher

бляхар

le plombier

листоноша

le facteur

солдат

le soldat

архітектор

l'architecte

касир

le caissier

флорист

le fleuriste

перукар

le coiffeur

кондуктор

le contrôleur

механік

le mécanicien

капітан

le capitaine

дантист

le dentiste

вчений

le scientifique

рабин

le rabbin

імам

l'imam

монах

le moine

пастор

le prêtre

професії - les professions

інструменти

les outils

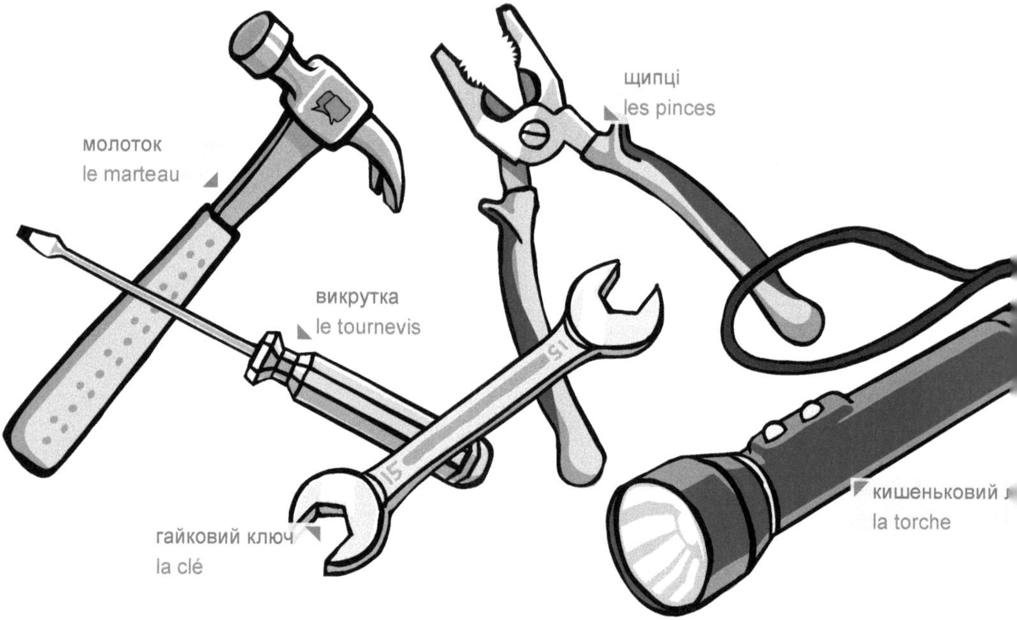
щипці
les pinces
молоток
le marteau
викрутка
le tournevis
кишеньковий
la torche
гайковий ключ
la clé

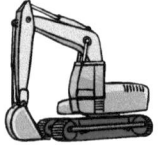

екскаватор

la pelleteuse

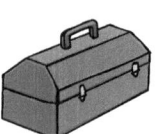

ящик для інструментів

la boîte à outils

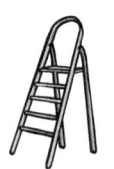

драбина

l'échelle

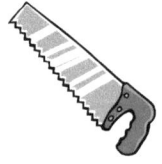

пилка

la scie

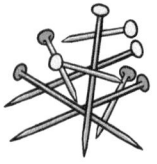

цвяхи

les clous

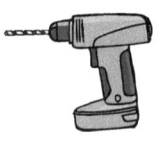

свердло

la perceuse

ремонтувати

réparer

лопата

la pelle

лайно!

Mince !

совок

la pelle

відро з фарбою

le pot de peinture

гвинти

les vis

музичні інструменти
les instruments de musique

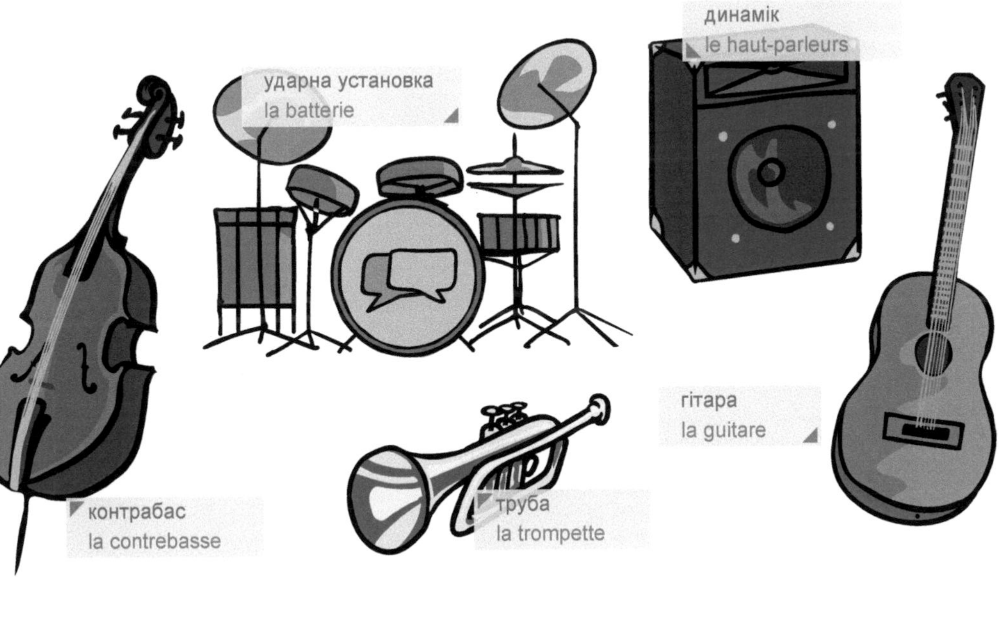

ударна установка
la batterie

динамік
le haut-parleurs

гітара
la guitare

контрабас
la contrebasse

труба
la trompette

фортепіано

le piano

скрипка

le violon

бас

la basse

литаври

les timbales

барабан

le tambour

клавіатура

le piano électrique

саксофон

le saxophone

флейта

la flûte

мікрофон

le microphone

тигр
le tigre

вхід
l'entrée

клітка
la cage

зебра
le zèbre

корм
l'alimentation animale

панда
le panda

тварини

les animaux

слон

l'éléphant

кенгуру

le kangourou

носоріг

le rhinocéros

горила

le gorille

ведмідь

l'ours

верблюд

le chameau

страус

l'autruche

лев

le lion

мавпа

le singe

фламінго

le flamand rose

папуга

le perroquet

білий ведмідь

l'ours polaire

пінгвін

le pingouin

акула

le requin

павич

le paon

змія

le serpent

крокодил

le crocodile

працівник зоопарку

le gardien de zoo

тюлень

le phoque

ягуар

le jaguar

поні

le poney

леопард

le léopard

гіпопотам

l'hippopotame

жираф

la girafe

орел

l'aigle

кабан

le sanglier

риба

le poisson

черепаха

la tortue

морж

le morse

лисиця

le renard

газель

la gazelle

американський футбол
l'american Football

їзда на велосипеді
le cyclisme

теніс
le tennis

баскетбол
le basket-ball

плавання
la natation

бокс
la boxe

хокей
le hockey sur glace

футбол
le football

бадмінтон
le badminton

легка атлетика
l'athlétisme

гандбол
le handball

лижні перегони
le ski

поло
le polo

дії

les activités

стрибати
sauter
обіймати
embrasser
сміятися
rire
йти
marcher
співати
chanter
мріяти
rêver
молитися
prier
цілувати
faire la bise

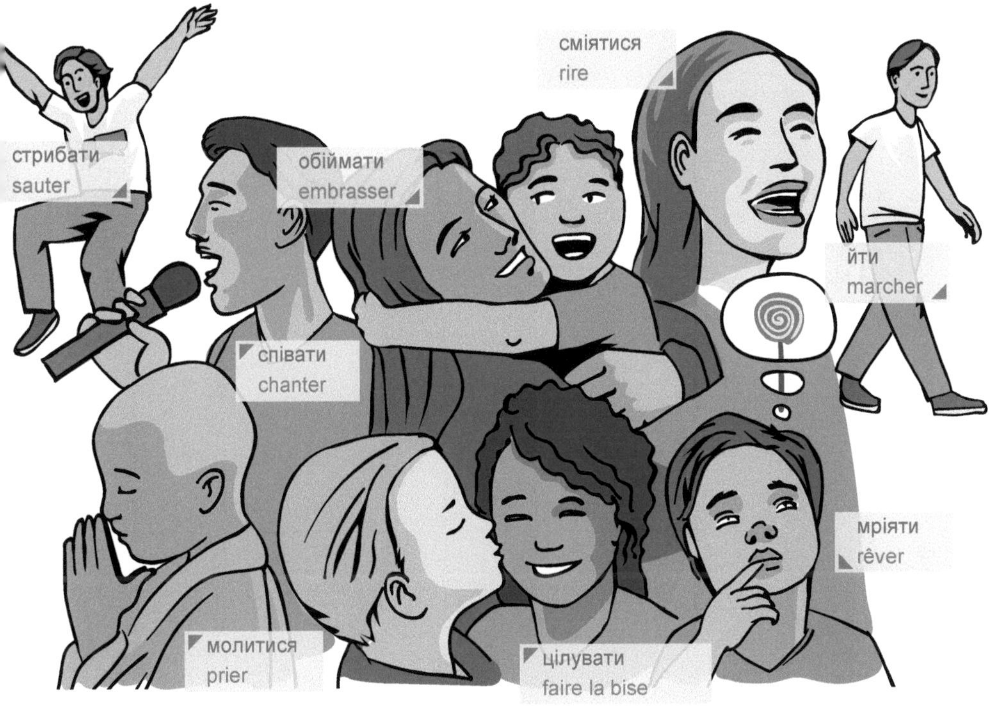

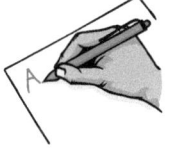

писати

écrire

малювати

dessiner

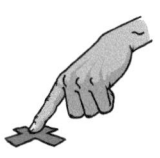

показувати

montrer

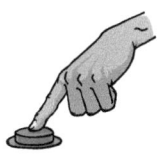

тиснути

pousser

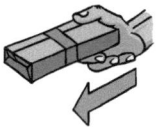

давати

donner

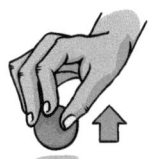

брати

prendre

мати

avoir

робити

faire

бути

être

стояти

être debout

бігати

courir

тягнути

trier

кидати

jeter

падати

tomber

лежати

être couché

очікувати

attendre

носити

porter

сидіти

être assis

одягати

s'habiller

спати

dormir

просипатися

se réveiller

дивитися

regarder

плакати

pleurer

гладити

caresser

розчісувати

peigner

розмовляти

parler

розуміти

comprendre

питати

demander

слухати

écouter

пити

boire

їсти

manger

прибирати

ranger

любити

aimer

варити

cuire

їхати

conduire

літати

voler

дії - les activités

йти під вітрилом

faire de la voile

рахувати

calculer

читати

lire

вчитися

apprendre

працювати

travailler

одружуватися

se marier

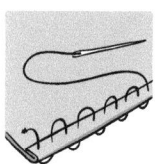

шити

coudre

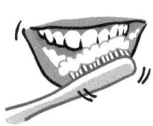

чистити зуби

brosser les dents

убивати

tuer

курити

fumer

посилати

envoyer

сім'я

la famille

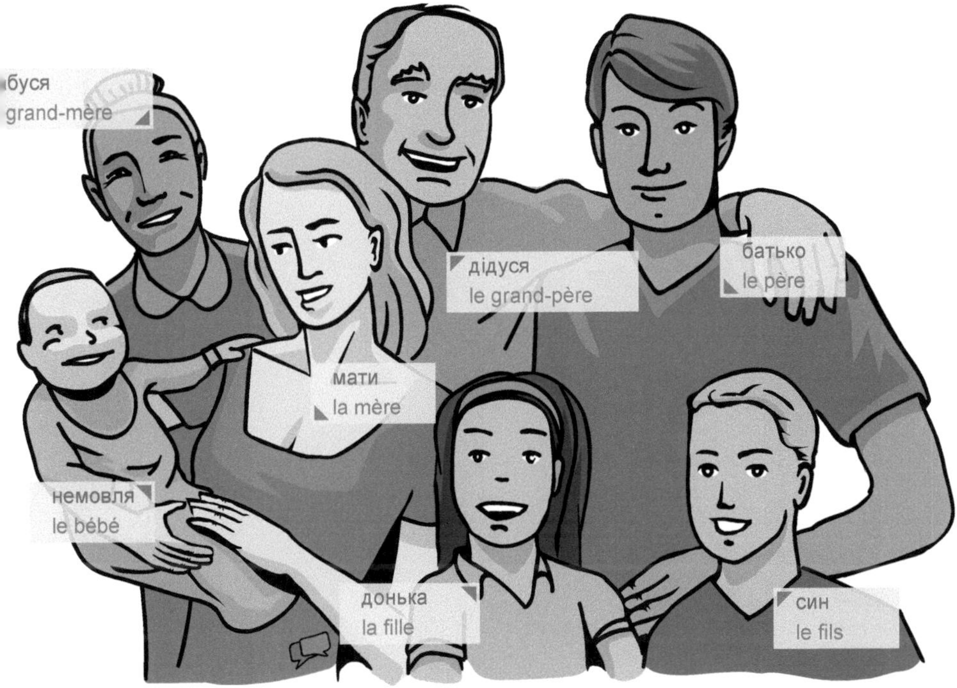
буся
grand-mère
дідуся
le grand-père
батько
le père
мати
la mère
немовля
le bébé
донька
la fille
син
le fils

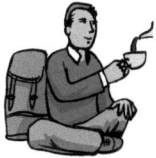

гість

l'hôte

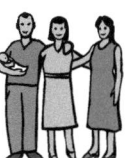

тітка

la tante

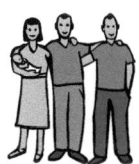

дядько

l'oncle

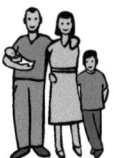

брат

le frère

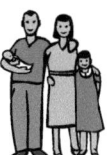

сестра

la sœur

тіло
le corps

чоло
le front
око
l'œil
плече
l'épaule
палець
le doigt
обличчя
le visage
підборіддя
le menton
кисть
la main
нога
la jambe
груди
la poitrine
рука
le bras

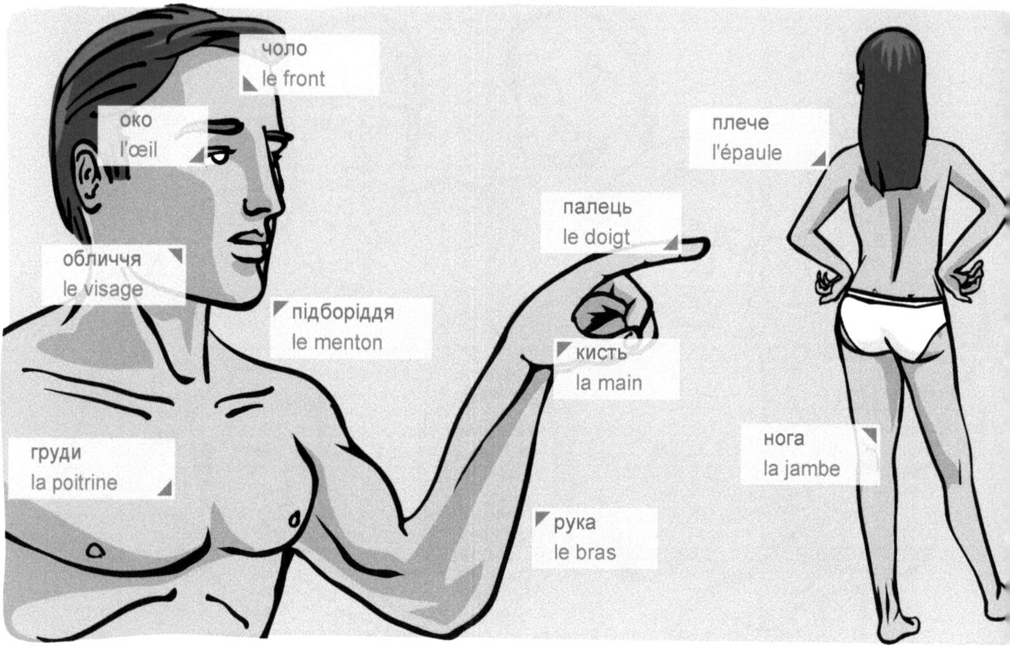

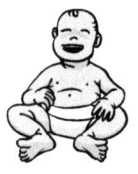

немовля
le bébé

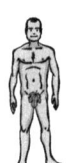

чоловік
l'homme

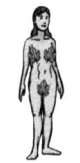

жінка
la femme

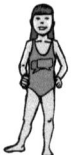

дівчина
la fille

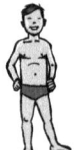

хлопчик
le garçon

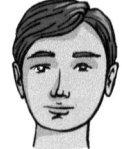

голова
la tête

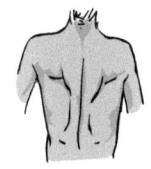

спина
le dos

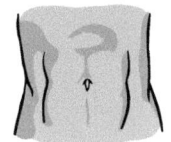

живіт
le ventre

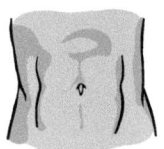

пуп
le nombril

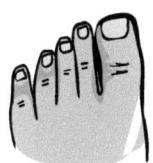

палець ноги
l'orteil

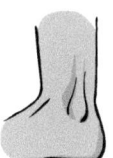

п'ята
le talon

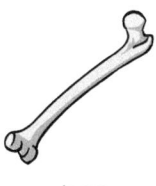

кістка
l'os

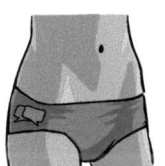

стегно
la hanche

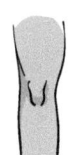

коліно
le genou

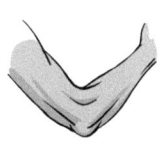

лікоть
le coude

ніс
le nez

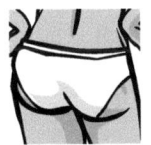

сідниці
les fesses

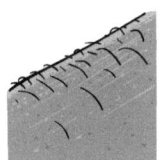

шкіра
la peau

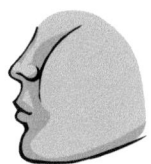

щока
la joue

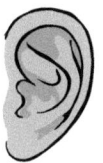

вухо
l'oreille

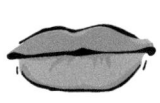

губа
la lèvre

тіло - le corps

рот

la bouche

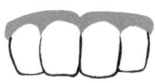

зуб

la dent

язик

la langue

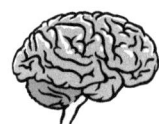

мозок

le cerveau

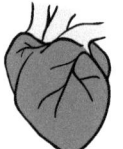

серце

le cœur

м'яз

le muscle

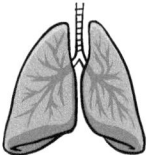

легені

les poumons

печінка

le foie

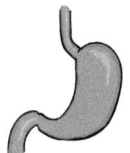

шлунок

l'estomac

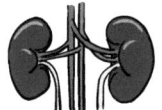

нирки

les reins

статевий акт

le rapport sexuel

презерватив

le préservatif

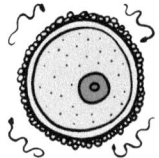

яйцеклітина

l'ovule

сперма

le sperme

вагітність

la grossesse

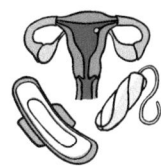

менструація

la menstruation

вагіна

le vagin

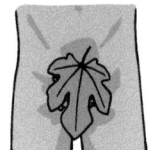

пеніс

le pénis

брова

le sourcil

волосся

les cheveux

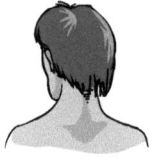

шия

le cou

тіло - le corps

лікарня

l'hôpital

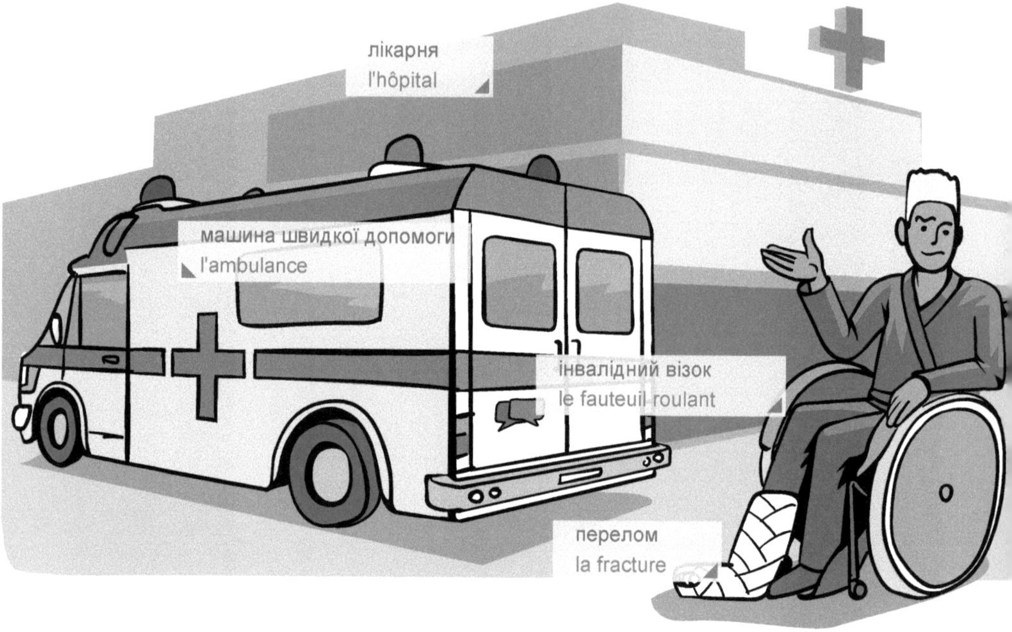

лікарня
l'hôpital
машина швидкої допомоги
l'ambulance
інвалідний візок
le fauteuil roulant
перелом
la fracture

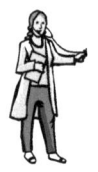

лікар

le médecin

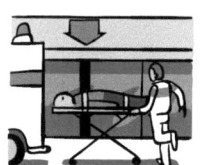

відділення швидкої медичної допомоги

le service des urgences

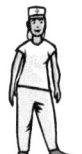

медсестра

l'infirmière

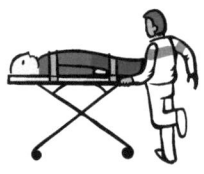

аварійний випадок

l'urgence

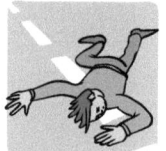

непритомний

inconscient

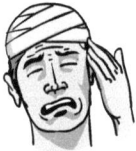

біль

la douleur

травма

la blessure

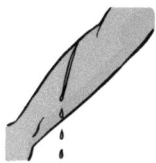

кровотеча

l'hémorragie

інфаркт

la crise cardiaque

інсульт

l'attaque cérébrale

алергія

l'allergie

кашель

la toux

лихоманка

la fièvre

грип

la grippe

пронос

la diarrhée

головна біль

le mal de tête

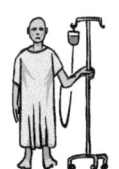

рак

le cancer

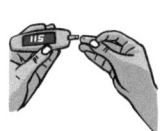

діабет

le diabète

хірург

le chirurgien

скальпель

le scalpel

операція

l'opération

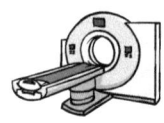

КТ

le CT

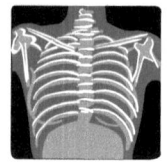

рентген

la radiographie

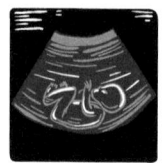

ультразвук

l'échographie

маска

le masque

хвороба

la maladie

зал очікування

la salle d'attente

милиця

la béquille

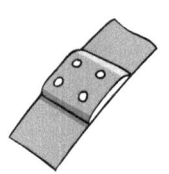

пластир

le pansement

пов'язка

le pansement

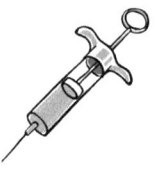

ін'єкція

l'injection

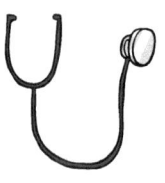

стетоскоп

le stéthoscope

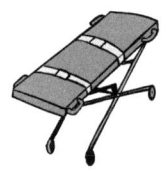

ноші

le brancard

термометр

le thermomètre

народження

l'accouchement

надмірна вага

la surcharge pondérale

слуховий апарат

l'appareil auditif

дезінфікуючий засіб

le désinfectant

інфекція

l'infection

вірус

le virus

ВІЛ / СНІД

le VIH / le sida

медицина

le médicament

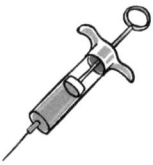

вакцинація

la vaccination

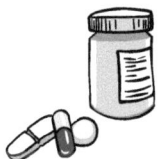

таблетки

les comprimés

протизаплідна пігулка

la pilule

екстрений виклик

l'appel d'urgence

тонометр

le tensiomètre

хворий / здоровий

malade / sain

Допоможіть!

Au secours !

напад

l'assaut

сигнал тривоги

l'alarme

атака

l'attaque

небезпека

le danger

аварійний вихід

la sortie de secours

Вогонь!

Au feu!

вогнегасник

l'extincteur

аварія

l'accident

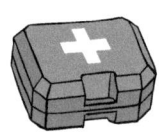

аптечка

la trousse de premier secours

СОС

SOS

поліція

la police

Європа

l'Europe

Північна Америка

l'Amérique du Nord

Південна Америка

l'Amérique du Sud

Африка

l'Afrique

Азія

l'Asie

Австралія

l'Australie

Атлантика

l'Océan atlantique

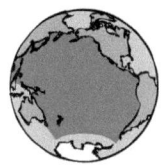

Тихий океан

l'Océan pacifique

Індійський океан

l'Océan indien

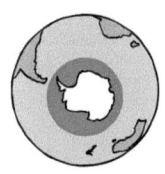

Антарктичний океан

l'Océan antarctique

Північний Льодовитий
океан

l'Océan arctique

Північний полюс

le Pôle nord

Південний полюс

le Pôle sud

Антарктика

l'Antarctique

Земля

la terre

суша

le pays

море

la mer

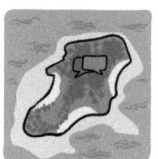

острів

l'île

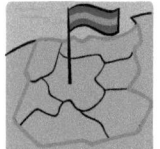

нація

la nation

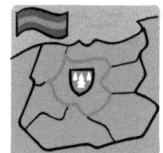

держава

l'état

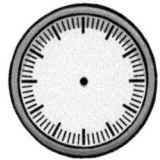

циферблат

le cadran

годинникова стрілка

l'aiguille des heures

хвилинна стрілка

l'aiguille des minutes

секундна стрілка

l'aiguille des secondes

Котра година?

Quelle heure est-il ?

день

le jour

час

le temps

зараз

maintenant

цифровий годинник

la montre digitale

хвилина

la minute

година

l'heure

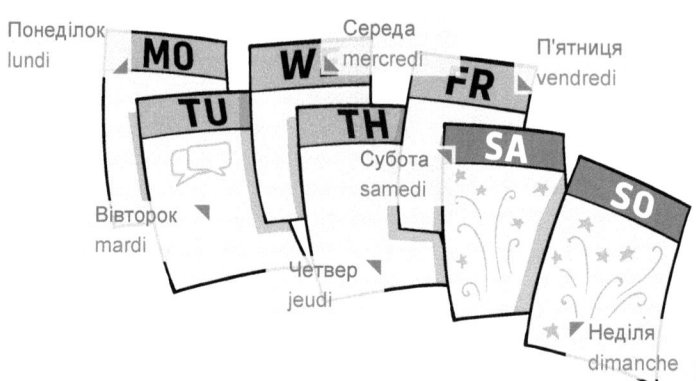

Понеділок
lundi

Середа
mercredi

П'ятниця
vendredi

Субота
samedi

Вівторок
mardi

Четвер
jeudi

Неділя
dimanche

вчора

hier

сьогодні

aujourd'hui

завтра

demain

ранок

le matin

опівдні

le midi

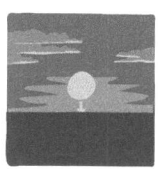

вечір

le soir

робочі дні

les jours ouvrables

кінець робочого тижня

le week-end

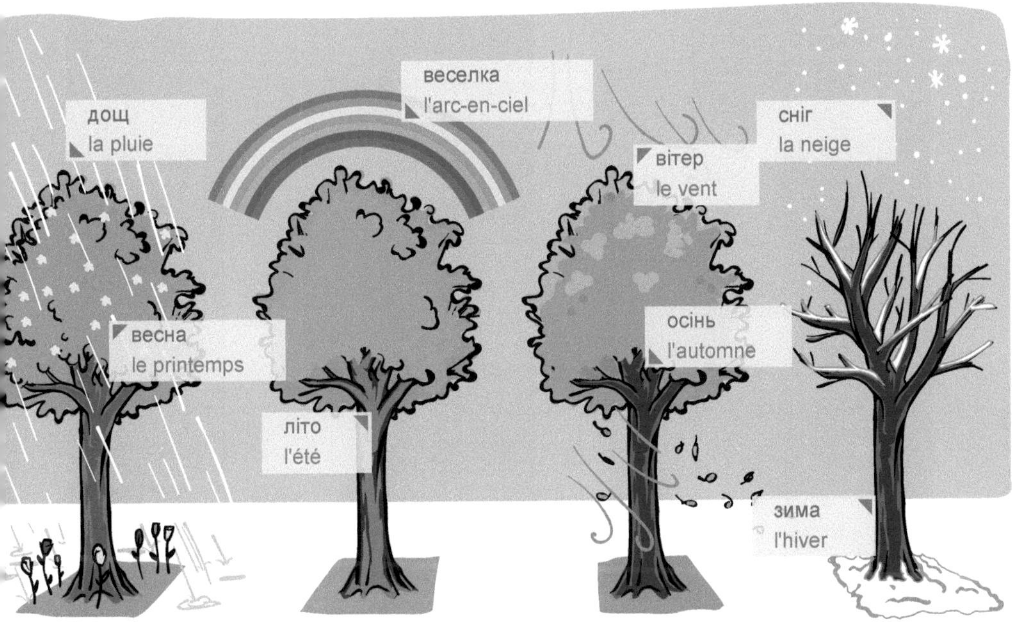

дощ
la pluie
веселка
l'arc-en-ciel
сніг
la neige
вітер
le vent
весна
le printemps
осінь
l'automne
літо
l'été
зима
l'hiver

4.APRIL 11°
5.APRIL 4°
6.APRIL 13°
7.APRIL 8°
8.APRIL 10°

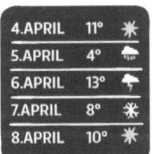

прогноз погоди

la météo

F
C
120
90
60
30
0
-30
40
30
20
10
0
-10
-20

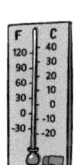

термометр

le thermomètre

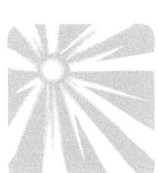

сонячне світло

la lumière du soleil

хмара

le nuage

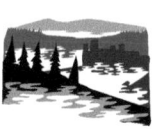

туман

le brouillard

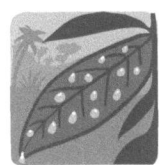

вологість повітря

l'humidité

блискавка

la foudre

грім

la tonnerre

шторм

la tempête

град

la grêle

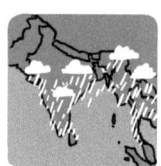

мусон

la mousson

повінь

l'inondation

лід

la glace

Січень

janvier

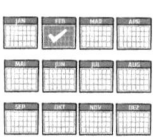

Лютий

février

Березень

mars

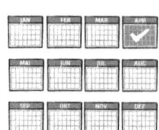

Квітень

avril

Травень

mai

Червень

juin

Липень

juillet

Серпень

août

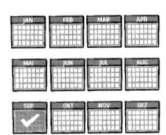

Вересень
....
septembre

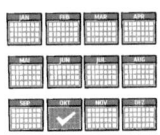

Жовтень
....
octobre

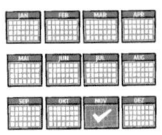

Листопад
....
novembre

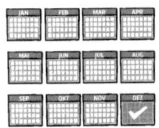

Грудень
....
décembre

форми
les formes

круг
....
le cercle

квадрат
....
le carré

прямокутник
....
le rectangle

трикутник
....
le triangle

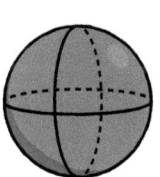

куля
....
la sphère

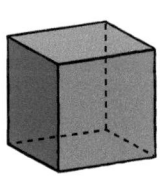

куб
....
le cube

білий

blanc

жовтий

jaune

помаранчевий

orange

рожевий

rose

червоний

rouge

фіолетовий

violet

синій

bleu

зелений

vert

коричневий

marron

сірий

gris

чорний

noir

багато / мало

beaucoup / peu

лютий / мирний

fâché / calme

гарний / бридкий

joli / laid

початок / кінець

le début / la fin

великий / малий

grand / petit

світлий / темний

clair / obscure

брат / сестра

frère / soeur

чистий / брудний

propre / sale

завершений / незавершений

complet / incomplet

день / ніч

le jour / la nuit

мертвий / живий

mort / vivant

широкий / вузький

large / étroit

їстівний / неїстівний

comestible / incomestible

злий / дружній

méchant / gentil

збуджений / нудьгуючий

excité / ennuyé

товстий / тонкий

gros / mince

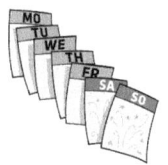

спочатку / востаннє

le premier / le dernier

друг / ворог

l'ami / l'ennemi

повний / порожній

plein / vide

жорсткий / м'який

dur / souple

важкий / легкий

lourd / léger

голод / спрага

faim / soif

хворий / здоровий

malade / sain

незаконний / законний

illégal / légal

розумний / дурний

intelligent / stupide

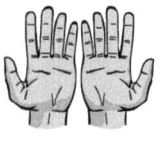

вліво / вправо

gauche / droite

поруч / далеко

proche / loin

новий / використаний

nouveau / usé

нічого / щось

rien / quelque chose

старий / молодий

vieux / jeune

вкл / викл

marche / arrêt

відкрито / закрито

ouvert / fermé

тихо / гучно

faible / fort

багатий / бідний

riche / pauvre

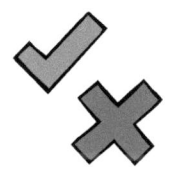

правильно / неправильно

correct / incorrect

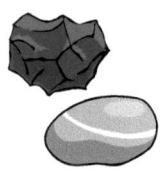

шорсткий / гладкий

rugueux / lisse

сумний / щасливий

triste / heureux

короткий / довгий

court / long

повільно / швидко

lent / rapide

вологий / сухий

mouillé / sec

гарячий / холодний

chaud / froid

війна / мир

la guerre / la paix

0

нуль

zéro

1

один

un / une

2

два

deux

3

три

trois

4

чотири

quatre

5

п'ять

cinq

6

шість

six

7

сім

sept

8

вісім

huit

9

дев'ять

neuf

10

десять

dix

11

одинадцять

onze

12

дванадцять

douze

13

тринадцять

treize

14

чотирнадцять

quatorze

15

п'ятнадцять

quinze

16

шістнадцять

seize

17

сімнадцять

dix-sept

18

вісімнадцять

dix-huit

19

дев'ятнадцять

dix-neuf

20

двадцять

vingt

100

сто

cent

1.000

тисяча

mille

1.000.000

мільйон

le million

числа - les nombres

англійська

l'anglais

американська англійська

l'anglais américain

китайська
високочиновницька

le chinois mandarin

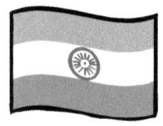

хінді

le hindi

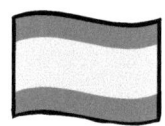

іспанська

l'espagnol

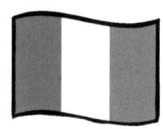

французька

le français

арабська

l'arabe

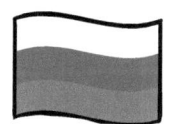

російська

le russe

португальська

le portugais

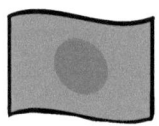

бенгальська

le bengali

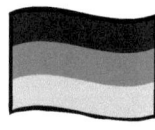

німецька

l'allemand

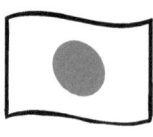

японська

le japonais

я
je

ти
tu

він / вона / воно
il / elle / ce, c', cela

ми
nous

ви
vous

вони
ils / elles

хто?
Qui ?

що?
Quoi ?

як?
Comment ?

де?
Où ?

коли?
Quand ?

ім'я
le nom

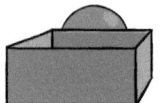

ззаду
derrière

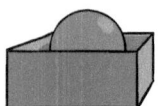

в
dans

перед
devant

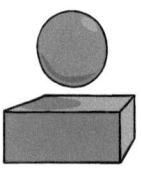

над
au-dessus

на
sur

під
en-dessous

біля
à côté de

між
entre

місце
le lieu